AF356634

# ARREST
## DV CONSEIL
### D'ESTAT,

Portant attribution aux Generaux
subsidiaires & Gardes des Monnoyes, des procez & differends qui
pourront naistre en execution de
l'Edict du surhaussement des monnoyes, & par appel à la Cour des
Monnoyes.

A PARIS,

Chez Sebastien Cramoisy, Im-
primeur ordinaire du Roy, & és Monnoyes,
ruë S. Iacques, aux Cicognes.

M. DC. XXXVI.

*AVEC PRIVILEGE DV ROY.*

# EXTRAICT DES
## Regiſtres du Conſeil
## d'Eſtat.

LE Roy ayant par ſon Edit des Monnoyes du mois de Iuin mil ſix cens trente cinq, regiſtré où beſoin a eſté, attribué à ſa Cour des Monnoyes toute Iuriſdiction ſouueraine pour le faict de ſes monnoyes, & autres choſes declarées audit Edict ; Sa Majeſté auroit en conſequence de ce adreſſé & enuoyé en icelle ſon Edict

du present mois de Mars, qui
y auroit aussi esté regiftré,
pour l'expofition des monnoyes d'or & d'argent, tant
fabriquées en ce Royaume,
qu'autres Eftrangeres, au prix
y declaré ; ce qui auroit auffi
efté publié à fon de trompe
& cry public, & executé en
la ville de Paris & és enuirons:
Et voulant qu'il foit auffi ob-
ferué en toutes les autres Villes & lieux de fon Royaume,
& autres Pais de fon obeyffance, SADITE MAIESTÉ
ESTANT EN SON CONSEIL
a ordonné & ordonne, que
coppies collationnées dudit
Edict pour l'expofition des

monnoyes, feront enuoyées
en toutes les autres Villes &
lieux de fon Royaume, &
Pays de fon obeyffance, pour
y eftre pareillement publié à
fon de trompe & cry public,
& executé felon fa forme &
teneur. Fait fa Majefté tres-
expreffes inhibitions & de-
fenfes à tous fes Sujets, Tre-
foriers, Receueurs generaux
& particuliers, Fermiers, &
Officiers comptables, Com-
miffionnaires, & tous autres,
d'y contreuenir ; ny de faire
aucune difficulté pour la re-
cepte & expofition defdites
monnoyes d'or & d'argent,
pour les prix declarez au def-

fus des figures defdites efpeces, contenuës au Cahier attaché fous le contrefeel de no-
ftredit Edict, fur les peines y
declarées. Et fi en execution
d'iceluy il interuient quelque
difficulté, oppofition, ou em-
pefchement, Sadite Majefté
en attribuë toute Cour, iu-
rifdiction, & connoiffanee
aux Generaux fubfidiaires, &
Gardes defdites Monnoyes
eftans fur les lieux, & par appel en ladite Cour des Monnoyes; icelle interdite & de-
fenduë à toutes fes Cours de
Parlement, & autres Iuges.
Ordonne fa Majefté aux
Gouuerneurs, & fes Lieute-

nants generaux des Prouinces, Gouuerneurs des Villes
& Places; Et enioint aux Pre-
uofts des Marchands, Maires,
Efcheuins, Iurats, Confuls
d'icelles, & à tous fes Officiers qu'il appartiendra, de
tenir la main à ce qu'il n'y foit
contreuenu. Fait au Confeil
d'Eftat du Roy, fa Majefté y
eftant, tenu à Sainct Germain
en Laye le dix-feptiéme iour
de Mars mil fix cens tréte-fix.
Signé,        DE LOMENIE.

LOVIS par la grace de
Dieu Roy de France &
de Nauarre, Dauphin de Vien-
nois, Comte de Valentinois

& Diois, Prouence, Forcal-
quier, & Terres adiacentes;
Aux Generaux subsidiaires &
Gardes des Monnoyes, estans
en nos Prouinces, Salut. Sui-
uant l'Arrest dont l'extraict
est cy-attaché sous le contre-
seel de nostre Chancellerie, ce
iourd'huy donné en nostre
Conseil d'Estat, Nous vous
mandons & ordonnons par
ces presentes signées de nostre main, chacun en son de-
partement, de faire publier à
son de trompe & cry public,
és Villes & lieux de l'estenduë
d'iceluy, tant nostre Edict du
present mois, & le Cahier y
attaché sous nostre côtreseel,
pour

pour l'expofition des efpeces
d'or & d'argent, aux prix declarez au deſſus des figures
defdites efpeces contenuës
audit Cahier, que noſtredit
Arreſt & ces prefentes; en for-
te qu'elles foiét executées par
tout noſtre Royaume, pays,
terres, & feigneuries de noſtre obeyſſance, contraignant
& faifant contraindre obfer-
uer le contenu en iceux tous
ceux qu'il appartiendra par
les voyes & peines y declarées; Voulons que tous les
procez & differents qui pourront naiſtre à cette occaſion,
foient par vous iugez & ter-
minez, & par appel en noſtre

Cour des Monnoyes ; à la-
quelle & à vous , Nous en at-
tribuons chacun endroit ſoy
toute cour , iuriſdiction , &
connoiſſance ; icelle interdi-
ſons & defendons à toutes
noſdites Cours de Parlement,
& autres Iuges. Ordonnons
aux Gouuerneurs , & nos
Lieutenans generaux de nos
Prouinces , Gouuerneurs de
nos Villes & Places ; Et en-
ioignons tres - expreſſément
aux Preuoſts des Marchands,
Maires , Eſcheuins , Iurats ,
Conſuls d'icelles, & tous nos
Officiers qu'il appartiendra,
de tenir la main à ladite execution deſdits Edict, Cahier,

Arreſt, & des preſentes , ſur
les coppies deuëment collationnées par l'vn de nos amez
& feaux Conſeillers & Secre-
taires , auſquelles foy ſera ad-
iouſtée cóme aux originaux ;
Et commandons au premier
noſtre Huiſſier , Sergent , ou
Archer ſur ce requis , de faire
leſdites lecture & publicatiós
à ſon de trompe & cry public
par tout où beſoin ſera , à ce
qu'aucun n'en pretende cauſe
d'ignorance ; & au ſurplus tous
autres Actes & Exploits pour
ce neceſſaires , ſans demander
autre permiſſion , nonobſtant
clameur de Haro , Chartre
Normande , Priſe à partie , &

Lettres à ce contraires, Car
tel eſt noſtre plaiſir. Donné à
S. Germain en Laye le dix-
ſeptieſme iour de Mars , mil
ſix cens trente-ſix, & de noſtre Regne le vingt-ſixieſme,
Signé , LOVIS. Et plus bas,
Par le Roy Dauphin Comte
de Prouence, DE LOMENIE.
Et ſeellé du grand ſeel ſur ſim-
ple queuë de cire iaune.

Collationné aux originaux par moy Conſeil-
ler , Secretaire du Roy & de ſes Finances.